2 dos

MI PASAPORTE

Fill in these details about yourself.

NOMBRE DEL TITULAR

Nacionalidad

Profesión

Lugar y fecha de nacimiento

Domicilio

FOTOGRAFÍA

Rostro

Color de los ojos

Color del cabello

Señas particulares

FIRMA DEL TITULAR

¿CÓMO SE LLAMAN?

Fill in their names.

| M | E | | L | L | A | M | O | | | | | | | | | | | | |

| M | I | | M | A | D | R | E | | S | E | | L | L | A | M | A | | | |

| M | I | | P | A | D | R | E | | S | E | | L | L | A | M | A | | | |

| M | I | | H | E | R | M | A | N | O | | S | E | | L | L | A | M | A | |

| M | I | | H | E | R | M | A | N | A | | S | E | | L | L | A | M | A | |

| M | I | | A | M | I | G | O | (| A |) | | S | E | | L | L | A | M | A |

| M | I | | P | E | R | R | O | | S | E | | L | L | A | M | A | | | |

tres 3

1
árbol genealógico
Alfredo García González
MI ABUELO
María Coca Álvarez
MI ABUELA
PEDRO Torres Pérez
MI ABUELO
Juanita Río Vega
MI ABUELA
Juan Domínguez Sánchez
MI TÍO
Carmen García Coca
MI TÍA
José García Coca
MI PADRE
Pilar Torres Río
MI MADRE
Francisco Torres Río
MI TÍO
Miguel Torres Río
MI TÍO
Rosa Blanco Suárez
MI TÍA
Antonio García Torres
Ricardo García Torres
MI HERMANO
Elvira García Torres
MI HERMANA
Ángela Torres Blanco
MI PRIMA
Carlos Torres Blanco
MI PRIMO
AQUÍ ESTOY
ANTONIO GARCÍA TORRES

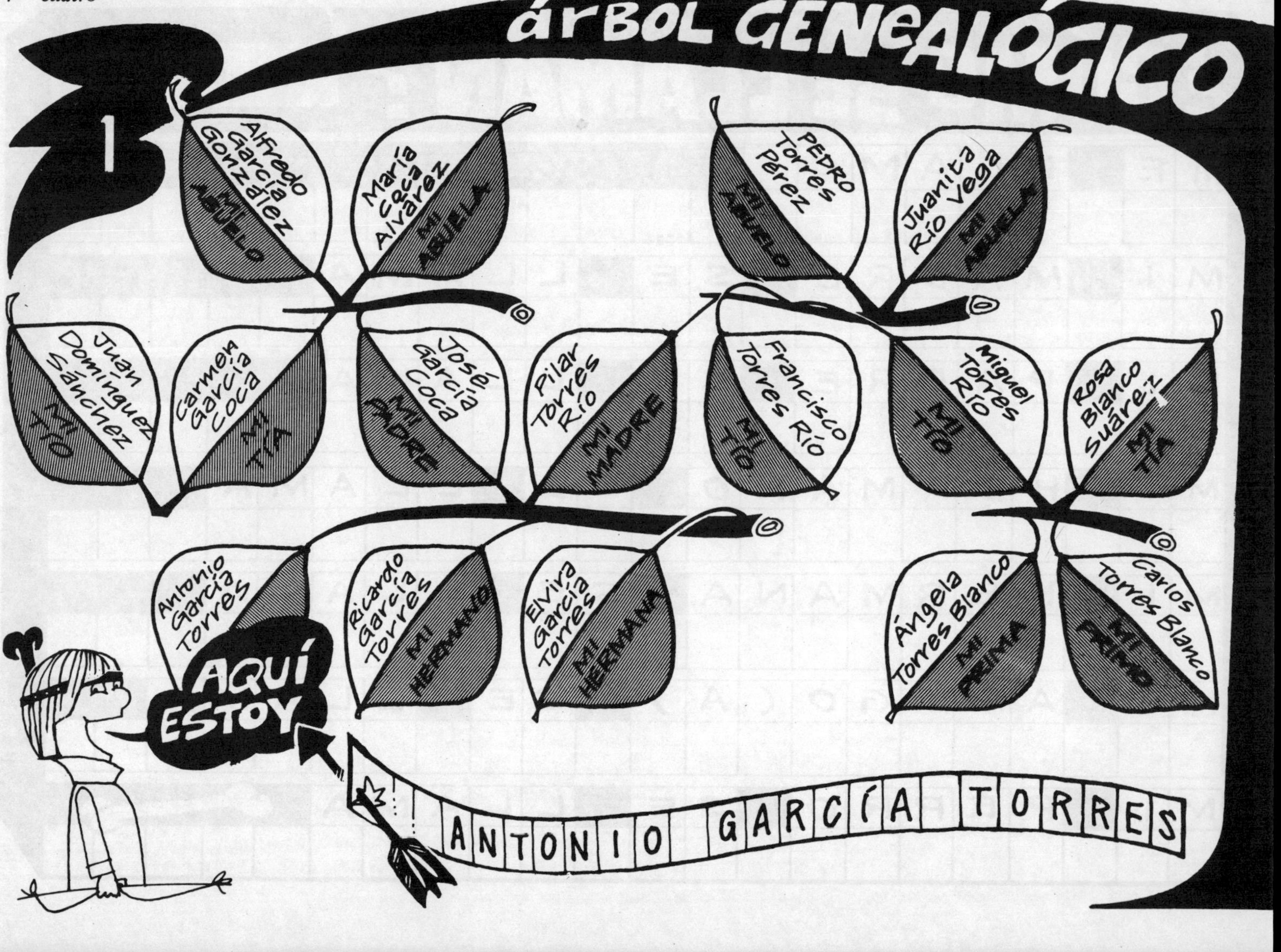

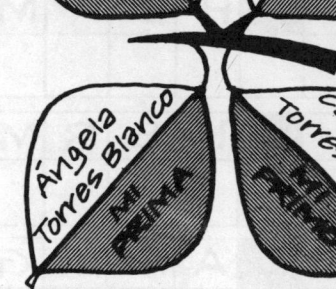

LA FAMILIA

Look at the family tree on the opposite page and then fill in the gaps on this page.

1. Miguel Torres Río es el padre de ____
2. El padre de Ricardo García Torres es ____
3. El padre de Miguel Torres Río es ____
4. Antonio García Torres es el sobrino de ____
5. Carlos Torres Blanco es el sobrino de ____
6. Ángela Torres Blanco es la sobrina de ____
7. La sobrina de Carmen García Coca es ____
8. Antonio García Torres es el nieto de ____
9. Francisco Torres Río es el hijo de ____
10. Ángela Torres Blanco es la nieta de ____
11. Elvira García Torres es la nieta de ____
12. Alfredo García González es el marido de ____
13. José García Coca es el marido de ____
14. Carmen García Coca es la mujer de ____
15. Juanita Río Vega es la mujer de ____

La Familia

How quickly can you fill in this chart?
Make up similar questions and try them on a friend.

TIME: ....

1	El HIJO de mi TÍO es mi				
2	La MADRE de mi HIJO es mi				
3	El HIJO de mi MADRE es mi				
4	El HIJO de mi HERMANA es mi				
5	La HIJA de mi TÍO es mi				
6	El PADRE de mi PRIMA es mi				
7	La HIJA de mi HIJO es mi				
8	La MADRE de mi MADRE es mi				
9	El NIETO de mi PADRE es mi				
10	El HIJO de mi HIJA es mi				
11	La MUJER de mi PADRE es mi				
12	El PADRE de mi MADRE es mi				
13	La MUJER de mi TÍO es mi				
14	El PADRE de mis HIJOS es mi				
15	La PRIMA de mi HIJO es mi				
16	El PADRE de mi HERMANO es también mi				

ANIVERSARIOS

¿Cuándo nacieron?

Find out the birthdays of your family and friends.

el primero de	ENERO	1	Antonio García Torres nació el diecisiete de marzo
el dos de	FEBRERO	2	Yo nací el...
el tres de	MARZO	3	Mamá nació el.....
el cuatro de	ABRIL	4	Papá nació el.....
el cinco de	MAYO	5	
el seis de	JUNIO	6	
el siete de	JULIO	7	
el ocho de	AGOSTO	8	
el nueve de	SEPTIEMBRE	9	
el diez de	OCTUBRE	10	
el once de	NOVIEMBRE	11	
el doce de	DICIEMBRE	12	
el trece de			
el catorce de			
el quince de			
el dieciséis de			
el diecisiete de			
el dieciocho de			
el diecinueve de			
el veinte de			
el veintiuno de			
el veintidós de			
el veintitrés de			
el veinticuatro de			
el veinticinco de			
el veintiséis de			
el veintisiete de			
el veintiocho de			
el veintinueve de			
el treinta de			
el treinta y uno de			

EL JUEGO DE LOS MESES

Copy or trace the letters of the alphabet which are on the right of this page onto squares of cardboard or paper. (Each player needs one set.) Cut along the lines to separate the letters. Put them, face up, on the table in front of you. Each person then takes it in turn to say the *English* name of one of the months of the year. As soon as he has said it, all the others spell out the *Spanish* name of the same month, as quickly as they can, by arranging the letters carefully on the table in front of them. The player who does it first (correctly!) wins one point. Keep the score.

JANUARY	ENERO
FEBRUARY	FEBRERO
MARCH	MARZO
APRIL	ABRIL
MAY	MAYO
JUNE	JUNIO
JULY	JULIO
AUGUST	AGOSTO
SEPTEMBER	SEPTIEMBRE
OCTOBER	OCTUBRE
NOVEMBER	NOVIEMBRE
DECEMBER	DICIEMBRE

A C E E G I L N O R S U Y	B D E F I J M O P R T V Z

nueve 9

¡Dales un Nombre Español!

Pick a Spanish first name and surname for each person in your class. Write them on the grid on the opposite page.

CHICOS	CHICAS	NOMBRES DE FAMILIA	
Claudio	María	GARCÍA	FERNÁNDEZ
Alberto	Juanita	SÁNCHEZ	DÍAZ
Pablo	Carmen	GONZÁLEZ	ALVÁREZ
Francisco	Pilar	DOMÍNGUEZ	RUEDA
Miguel	Rosa	PÉREZ	GUZMÁN
Juan	Isabel	TORRES	MENDOZA
José	Mercedes	SUÁREZ	VEGA
Antonio	Eugenia	BLANCO	RUIZ
Alfredo	Margarita	RÍO	CRUZ
Carlos	Francisca	NAVARRO	VALDÉS
Ricardo	Antonia	DIEGO	BORDONA
Manuel	Cristina	MENÉNDEZ	MARTÍNEZ
Pedro	Teresa	GÓMEZ	LÓPEZ
Tomás	Bárbara	MARTÍN	GALLEGOS
Jorge	Graciéla	JIMÉNEZ	ORTEGA

#	name of pupil	spanish name
1		
2		
3		
4		
5		
6		
7		
8		
9		
10		
11		
12		
13		
14		
15		
16		
17		
18		
19		
20		
21		
22		
23		
24		
25		
26		
27		
28		
29		
30		

TU HORÓSCOPO

Tell your family and friends what the stars say.

CAPRICORNIO
22 de diciembre – 20 de enero

No trabajes demasiado hoy

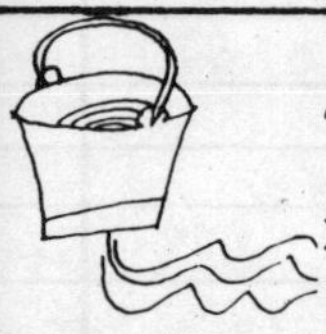

ACUARIO
21 de enero – 18 de febrero

Ten cuidado al cruzar la calle

PISCIS
19 de febrero – 20 de marzo

Toma hoy una decisión importante

ARIES
21 de marzo – 20 de abril

Vas a recibir una carta

TAURO
21 de abril – 21 de mayo

Presta atención a sus profesores

GÉMINIS
22 de mayo – 21 de junio

No gastes hoy demasiado dinero

CÁNCER
22 de junio – 22 de julio

Vas a viajar pronto

LEÓN
23 de julio – 23 de agosto

Duermes demasiado. ¡Levántate más temprano!

VIRGO
24 de agosto – 23 de septiembre

Mañana vas a recibir buenas noticias

LIBRA
24 de septiembre – 23 de octubre

No seas tan descuidado

ESCORPIÓN
24 de octubre – 22 de noviembre

Vas a recibir una invitación

SAGITARIO
23 de noviembre – 21 de diciembre

Ayuda a tu amigo hoy

trece 13

Fill in the blank timetable with the Spanish words for the subjects you study at school.

FRANCÉS
FÍSICA
INGLÉS
ALEMÁN
DIBUJO
ESPAÑOL
TRABAJOS MANUALES
HISTORIA
GEOGRAFÍA
LATÍN
CIENCIAS NATURALES
CIENCIAS DOMÉSTICAS
MÚSICA
QUÍMICA
MATEMÁTICAS
DEPORTE
RUSO
ITALIANO

MI HORARIO

	lunes	martes	miércoles	jueves	viernes
1					
2					
3					
4					
5					
6					
7					
8					

quince 15

From a magazine or newspaper cut out the figure of a man or woman (or draw your own).

Then stick it on this page.

Fill in the labels showing the parts of the body, and draw in arrows to what they describe.

E	L	P					
L	A	C					
E	L	O					
L	O	S	O				
L	A	N					
L	A	O					
L	A	B					
L	O	S	D				
L	A	L					
E	L	C					
E	L	H					
E	L	C					
E	L	B					
L	A	C					
L	A	M					
E	L	D					
L	A	P					
L	A	R					
E	L	P					

16 dieciséis

Españoles Conocidos

How much do you know about these famous Spanish people? Try and find out what they are famous for. Add others to your list as you come across them.

#	NAME	JOB
1	FALLA	Composer
2	EL CORDOBÉS	
3	ANDRÉS SEGOVIA	
4	Federico García LORCA	
5	Cristóbal COLÓN	
6	JUAN CARLOS	
7	PICASSO	
8		
9		
10		
11		
12		
13		
14		
15		

Pedro, who has a telephone, lives at number one. Write in the names of the others, showing where they live.

¿DÓNDE VIVEN?

PEDRO
tiene un teléfono

MARIA
tiene un perro

JOSÉ
tiene un coche

CARLOS
tiene una maleta

JUAN
tiene una guitarra

ANTONIO
tiene un barco

MIGUEL
tiene un bicicleta

CARMEN
tiene un tocadiscos

TOMÁS
tiene un balón

PILAR
tiene una maquina de coser

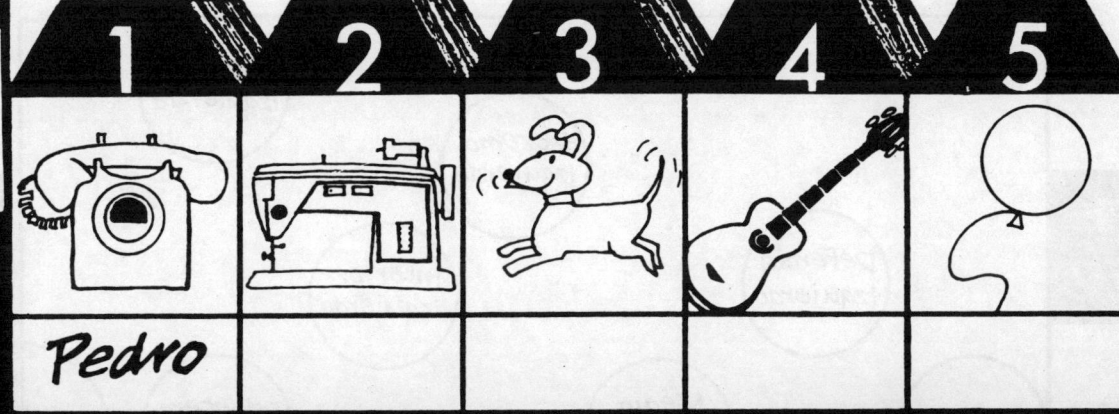

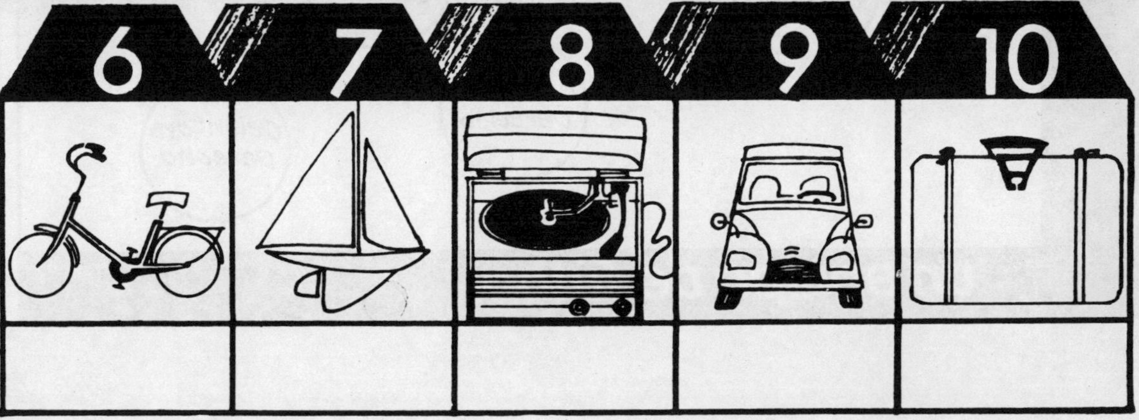

diecinueve 19

Fill in the names of the players in your favourite team and their positions.

Add an extra page to page 19. On it stick a photo of your favourite team, and label the positions they play in.

1	PORTERO
2	
3	
4	
5	
6	
7	
8	
9	
10	
11	

| 1 | RESERVA |
| 2 | RESERVA |

¿QUÉ TE GUSTA BEBER?

Find out what your friends and family like to drink.

¡HIP!

- Chocolate
- leche
- VINO blanco
- Té
- LIMONADA
- Café
- Cerveza
- Coñac
- agua
- VINO tinto
- Gaseosa
- Sangría
- Jerez

1. A Antonio García Towes le gusta beber CAFÉ.
2. A **mi** me gusta beber....
3. A mi amigo(a) le gusta beber....
4.
5.
6.
7.
8.
9.
10.
11.

veintiuna 21

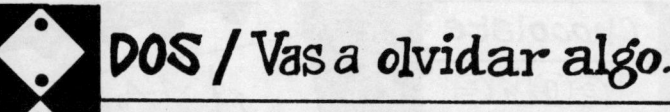

⚃	**DOS /**	Vas a olvidar algo.
⚂	**TRES /**	Vas a hacer alguna tontería.
⚃	**CUATRO /**	Vas a recibir malas notas en matemáticas.
⚄	**CINCO /**	Vas a perder algo.
⚅	**SEIS /**	Vas a tardar en llegar a la escuela.
⚅ ⚀	**SIETE /**	Vas a encontrar a un(a) amigo(a) que no te gusta.
⚃ ⚃	**OCHO /**	Vas a escuchar tu disco preferido.
⚄ ⚃	**NUEVE /**	Vas a comer algo muy sabroso.
⚄ ⚄	**DIEZ /**	Vas a comer algo muy malo.
⚅ ⚄	**ONCE /**	Vas a tener una buena idea.
⚅ ⚅	**DOCE /**	Vas a trabajar bien hoy.

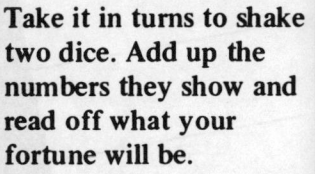

Take it in turns to shake two dice. Add up the numbers they show and read off what your fortune will be.

Keep a record of what fate has in store for you and your friends.

1 Voy a .....

2 María va a .....

24   veinticuatro

Make an extra page and sellotape it on to page 25. On it stick or copy out a Spanish recipe. Include a picture if you can.

Put ticks against the things they like to eat. Put crosses against those they don't like to eat.

Add others to your list.

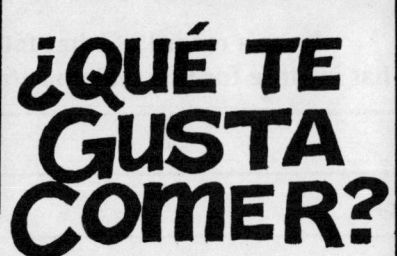

¿QUÉ TE GUSTA COMER?

		PATATAS ✓	SALCHICHAS ✗	HUEVOS ✓	JAMÓN ✗	ARROZ ✓	PAN ✗	CARNE ✓	GUISANTES ✓	JUDÍAS VERDES ✓	TORTILLA ✓
1	Antonio García Torres										
2	YO										
3	Mamá										
4	Papá										
5											
6											
7											
8											
9											
10											
11											

¿QUIÉN COME QUÉ COSA?

Stick a wine-bottle label onto one side of your extra page.

Elvira, who is eating an apple, has her name next to plate number *four*. Where should all the other names go?

Elvira come la manzana
Antonio come las ciruelas
Papá come las uvas
Carlos come el plátano
Mamá come la naranja
Pedro come las cerezas
Pilar come la pera

veintiséis

La Ropa

Colour in the clothes.

un paraguas rojo

un pantalón marrón

una camisa verde

un sombrero amarillo

una corbata blanca

calcetines azules

zapatos negros

una chaqueta gris

Un juego de ropa

A game to make and play. Copy or trace the 40 clothes cards on this page onto some cardboard or paper. Cut them out, and put them in a pile, face down. One player picks up the top one, looks at it, and asks "¿Qué llevo?" The others then try in turn to guess the answer by asking for example:
"¿Llevas *una camisa*?"
The first player may answer only "Sí" or "No". The first person to guess correctly wins one point. The players then try in turn to guess the colour, by asking for example:
"¿Llevas un pantalón *negro*?"
Again, the first person to guess correctly wins a point. If the same person guesses both garment *and* colour, he gets a third, bonus point. Take it in turn to pick up a card to start the game.
Keep the score.

un pantalón azul	un pantalón rojo	un pantalón blanco	un pantalón verde	un pantalón negro
una camisa azul	una camisa roja	una camisa blanca	una camisa verde	una camisa negra
un sombrero azul	un sombrero rojo	un sombrero blanco	un sombrero verde	un sombrero negro
calcetines azules	calcetines rojos	calcetines blancos	calcetines verdes	calcetines negros
una corbata azul	una corbata roja	una corbata blanca	una corbata verde	una corbata negra
zapatos azules	zapatos rojos	zapatos blancos	zapatos verdes	zapatos negros
un paraguas azul	un paraguas rojo	un paraguas blanco	un paraguas verde	un paraguas negro
una chaqueta azul	una chaqueta roja	una chaqueta blanca	una chaqueta verde	una chaqueta negra

Las Tiendas

El Señor Hernández vende **PASTELES**

El Señor Pérez vende **CLAVOS**

El Señor Gómez vende **PAN**

La Señora García vende **LIBROS**

La Señora Vega vende **AZÚCAR**

El Señor Ruiz vende **CARNE**

On the right are six new shop signs. The sign-writer has painted in the Spanish names of the shops. On the left you are told what each of the six shop-keepers sells. Can you write in the names of the owners of the shops, each against the correct sign?

Cut pictures of Spanish shops from some magazines, label them, and stick them on an extra page.

Alimentación

Panadería

FERRETERÍA

PASTELERÍA

Carnicería

Librería

30 treinta

Hoy tenemos para ustedes...

PRIMERA CADENA

A las tres:
Telediario
(color)

A las cinco menos cinco:
Dibujos animados

A las siete:
Baloncesto:
Copa de Europa:
Real Madrid–Federale Lugano

A las diez y cuarto:
Misterio: McMillan
"Doble Identidad"

SEGUNDA CADENA

A las ocho:
Carta de Ajuste (color)
Recuerdos del TeleFilme
Hoy: "Amor y la Americana"

A las nueve:
Maestros y estilos
El pianista André Watts interpreta a Bach.

A las diez y cuarto:
Novela: "El Idiota"
Capítulo 3

A las once y cuarto:
Treinta años de historia:
"Guerra en el Mar"

Try and get hold of the details of an evening's Spanish T.V. programmes. Add an extra page to page 30 and put them on it.

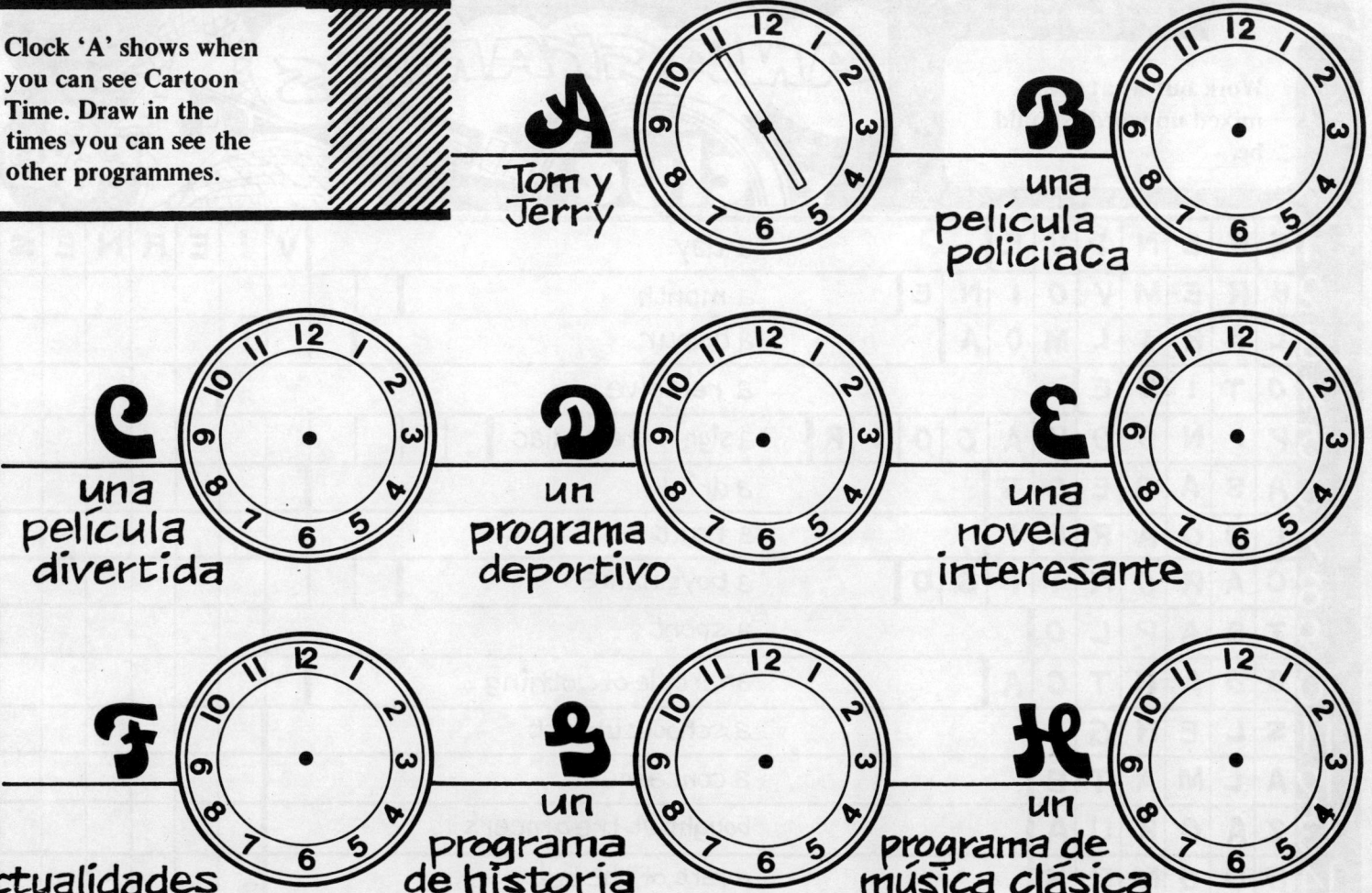

ANAGRAMAS

Work out what these mixed up words should be.

#	Anagram	Clue	Answer
1	S R E N I V E	a day	V I E R N E S
2	B R E M V O I N E	a month	
3	L A R I L M O A	a colour	
4	O T I N E	a relative	
5	P I N C O R A C O I R	a sign of the zodiac	
6	A S A G E O S	a drink	
7	L U C A R E I	a fruit	
8	C A R C N I F S O	a boy's name	
9	T E A P L O	a sport	
10	O B A R T C A	an article of clothing	
11	S L E N G I	a school subject	
12	A L M A T E	a container	
13	Z A C R U A	bought at the grocer's	
14	B O O M R H	a part of the body	
15	L A R T O I L T	something to eat	